BEI GRIN MACHT SICH IHR
WISSEN BEZAHLT

Change Management im Breitensport. Fallstudie zum Sportmanagement im Bayerischen Golfverband

Lukas Faria

Bibliografische Information der Deutschen Nationalbibliothek:

Die Deutsche Nationalbibliothek verzeichnet diese Publikation in der Deutschen Nationalbibliografie; detaillierte bibliografische Daten sind im Internet über http://dnb.d-nb.de abrufbar.

ISBN: 9783346631411
Dieses Buch ist auch als E-Book erhältlich.

© GRIN Publishing GmbH
Nymphenburger Straße 86
80636 München

Druck und Bindung: Books on Demand GmbH, Norderstedt Germany
Gedruckt auf säurefreiem Papier aus verantwortungsvollen Quellen

Das Buch bei GRIN: https://www.grin.com/document/1184684

Deutsche Hochschule für

Prävention und Gesundheitsmanagement

Hermann-Neuberger-Sportschule 3

66123 Saarbrücken

Projektarbeit

Name, Vorname	Faria, Lukas
Studiengang	Sportökonomie (Master)
Studienmodul	Fallstudie Sportmanagement
Datum Präsenzphase (siehe Ergebnisdokumentation)	23.08.2021 – 25.08.2021
Projektthema	Fallstudie 1: Bayerischer Golfverband e. V.
Aufgabenstellung	**Change Management im Breitensport am Beispiel des Bayerischen Golfverbandes**

Inhaltsverzeichnis

1 Analysephase

1.1 Status quo-Entwicklungen im bundesdeutschen Golfsport

1. Mitgliederentwicklung

Der Deutsche Golf Verband (DGV) verzeichnete im Jahr 2020 eine Mitgliederzahl von 642.677 (Zeppenfeld, 2020). Im Vergleich zum Vorjahr 2019 mit 642.240 Mitgliedern stellt dies nur einen sehr geringen Zuwachs dar (Zeppenfeld, 2020). Dennoch ist festzuhalten, dass der DGV einen kontinuierlichen Mitgliederzuwachs in den letzten Jahren vorweisen kann. In den Jahren 2002 (399.016 Mitglieder) bis 2019 (642.240) stieg die Mitgliederzahl um 243.224 Mitglieder (37,87 %) (Zeppenfeld, 2020). Der bayerische Golfverband (BGV) ist der größte Golfverband in Deutschland und stellt mit 140.135 Mitgliedern im Jahr 2020 rund 21 % aller Golfmitglieder Deutschlands (Bayerischer Golfverband e. V., 2020).

2. Altersstruktur der Mitglieder

Ein weiteres Merkmal bei dieser Thematik ist unter anderem Geschlechterverteilung im DGV. Im Allgemeinen ist zu sagen, dass es in allen Altersklassen mehr männliche als weibliche Golfspielende gibt und die Mitglieder im Durchschnitt immer älter werden (Zeppenfeld, 2021). Die meisten Golfspielende sind 61 Jahre und älter, die wenigsten Golfspielenden hingegen sind im Kindes- und Jugendalter anzusiedeln (Zeppenfeld, 2021). In der Mitte gibt es ebenfalls nur recht wenige, die den Golfsport ausüben. Insgesamt verzeichnete der deutsche Golfsport im Jahr 2020 416.016 männliche sowie 235.401 weibliche Golfspielende (Zeppenfeld, 2021).

3. Golfanlagen

In Deutschland gab es im Jahr 2020 insgesamt 720 Golfanlagen mit zusammen 13.332 Spielbahnen: 151 Anlagen mit 9 Löchern, 435 Anlagen mit 18 Löchern und 136 Anlagen mit mehr als 18 Löchern (Landwehr, 2021). „Der statistische Rückgang bei der Zahl der Golfanlagen von 730 (2019) auf 722 (2020) ist nicht nur auf die Stilllegung, Betriebsaufgabe oder Insolvenz von Golfanlagen zurückzuführen, sondern auch auf eine „Neuordnung / Bereinigung der Datenerfassung" seitens des DGV" (Landwehr, 2021).

Von diesen 722 Golfplätzen waren im Jahr 2020 404 „öffentliche" Golfplätze (bespielbar ohne Mitgliedschaft) und 202 davon bespielbar ohne Platzreife (Deutscher Golf Verband e.V., 2021).

4. Clubfreie Golfspieler

Unter dem Begriff Golftourist wird eine golfspielende Person definiert, die als Gast für ein Tagesspiel oder für mehrere Tage eine fremde Golfanlage nutzt. Einer Umfrage aus dem Jahr 2020 zufolge gaben 54 % der befragten Golfreise-Veranstalter an, dass innerhalb der letzten 18 Monate ein Anstieg der Anzahl der Golf-Touristen zu verzeichnen sei, wohingegen 38 % sagten, dass innerhalb der letzten 18 Monate ein Abstieg der Anzahl der Golf-Touristen zu verzeichnen sei (Statista Research Department, 2010). Clubfreie Spielende hingegen sind Golfspielende ohne feste Mitgliedschaft. Im Jahr 2020 betrug die Anzahl an clubfreien Spielenden 23.282 (3,57 % von allen Golfspielenden im Jahr 2020) (Deutscher Golf Verband e.V., 2020).

5. Saison

Der Golfsport ist eine saisonale Freiluft-Sportart, sodass der Golfsport nicht bei jeder Witterung und Jahreszeit ausgeübt werden kann. Die Golfsaison beginnt meistens im März/April und endet innerhalb des Oktobers. Somit besitzt der Golfsport eine lange Winterpause von 4-5 Monaten, in der die (teure) Mitgliedschaft nicht genutzt werden kann. Ausweichmöglichkeiten für Golfspielende sind nur Räumlichkeiten, in denen man Abschläge trainieren kann, oder Fitnessstudios, um die Fitness und körperliche Leistung aufrecht zu erhalten.

6. Image

Das Image des Golfsports hat sich in den letzten Jahren sehr verändert. So galt Golf lange Zeit als Sport der Reichen, da Mitgliedschaften in Vereinen teuer und gutes Equipment oft unerschwinglich waren (Exklusiv Golfen, 2020). Auch Platz Etikette und Dresscode trugen zur Stigmatisierung des Sports und zur Verbindung mit den Begriffen „elitär", „hochnäsig" und „langweilig" bei. Durch kostenlose Schnupperkurse, Jugendförderung, vergünstigte Vereinsmitgliedschaften für Schüler und Studenten sowie regelmäßige Veranstaltungen auf den Plätzen und in den Clubhäusern, wie Familientage und Tage der offenen Tür, konnte der Golfsport bekannter und beliebter gemacht werden. Einer Umfrage aus dem Jahr 2020 zufolge gab es in der deutschsprachigen Bevölkerung ab 14 Jahre rund 67,85 Millionen Personen, denen Golf bekannt war. Davon interessierten sich rund 1,55 Millionen ganz besonders und 5,01 Millionen ein wenig für die Sportart (Pawlik, 2020). Jedoch steigt zeitgleich die Anzahl an Personen, die sich gar nicht für die Sportart interessieren. Zusammenfassend ist zu sagen, dass die Meinung, dass der Golfsport kein „richtiger Sport" sei, weiterhin verbreitet ist. Jedoch ist der Golfsport aufgrund einer intensiveren Öffentlichkeitsarbeit in allen Altersklassen auf einem guten Weg, das alte schlechte Image durch ein neues modernes Ansehen auszutauschen.

7. Kosten

Der Golfsport ist sehr kostspielig, wie die folgende Tabelle veranschaulicht.

Tab. 1: Kosten im Golfsport für eine erwachsende Person (eigene Darstellung)

Gesamtkosten Golf im Einstiegsjahr	
Training beim Pro	500 -1000 €
Platzreifeprüfung	Ca. 50 €
Equipment (Golfschläger + Schuhe + Taschen)	Ca. 2000 €
Clubmitgliedschaft	Ca. 1000 €
Greenfee (15-mal spielen)	600 €
Summe	**Ca. 4000 € - 4.500 €**
Kosten ab dem zweiten Spieljahr	
Clubmitgliedschaft	Ca. 1000 €
Greenfee (20-mal spielen)	800 €
Summe	**Ca. 1.800 €**

8. Struktur des deutschen Golfsports

Der Deutsche Golfverband e. V. stellt den Dachverband für den deutschen Golfsport dar. Unter diesem Dachverband gibt es 12 Landesgolfverbände und eine Vereinigung clubfreier Golfspielende (Deutscher Golf Verband e.V., 2020). Des Weiteren unterscheidet man zwischen zwei unterschiedlichen Formen von Golfclubs. Einerseits gibt es die klassischen eingetragenen Vereine, welche einen ehrenamtlichen Jugendwart und ein Präsidium stellen, und andererseits organisierte KGs und GmbHs, die einen festangestellten Jugendkoordinator und ein Hauptamt platzieren (Deutscher Golf Verband e.V., 2020).

9. Benchmark (international)

Im Vergleich zu anderen großen Nationen Europas liegt Deutschland mit der Anzahl seiner Golfspielenden auf Platz zwei hinter England. Im Jahr 2018 gab es in England insgesamt 645.151, in Deutschland insgesamt 642.240 Golfspielende (Zeppenfeld, 2020). Es ist festzuhalten, dass die Anzahl an Golfspielenden in England sich mit der Zeit verringert, jedoch in Deutschland langsam steigt. Folglich ist zu erkennen, dass die Spanne der beiden Nationen geringer wird und davon ausgegangen wird, dass Deutschland in den nächsten Jahren die meisten Golfer:innen vorweisen kann (Zeppenfeld, 2020).

10. Nachwuchsarbeit

Die Anzahl an Nachwuchsspielenden im deutschen Golfsport ist sehr gering. Im Jahr 2020 gab es insgesamt 41.212 Golfspielende im Alter von 0-18 Jahre (6,33 % aller Golfspielenden in Deutschland) (Deutscher Golf Verband e.V., 2020). Der deutsche Golfsport besitzt das Problem der Drop-Out-Rate der Jugendlichen, da viele Jugendliche mit dem Erreichen des 18. Lebensjahr mit dem Sport aufhören. Gründe dafür sind der Interessensverlust, eine veränderte Lebenssituation (Umzug, Studium etc.), die Pubertät oder auch die lange Winterpause, wodurch sich andere Sportarten als attraktiver gestalten.

Im Hinblick auf den Nachwuchsbereich zeigen die aufgeführten Aspekte folgende Ergebnisse. Auf der einen Seite steht der Deutsche Golfverband e.V. in den Bereichen Mitgliederzahl und Golfanlagen positiv dar, weil er im internationalen Vergleich einen leichten Zuwachs der Mitgliederzahlen und eine nahezu gleichbleibende Anzahl von Golfanlagen vorweisen kann. Auf der anderen Seite jedoch stellt das zunehmende Durchschnittsalter der Golfspielenden ein Problem dar. Des Weiteren ist der Golfsport mit hohen Kosten und Eintrittsbarrieren im Gegenzug zu anderen Sportarten verbunden, die sich eher Sportler:innen mit einem durchschnittlich hohem Einkommen leisten können. Golf ist keine attraktive Sportart für die jungen Sportler:innen, sodass diese nicht an den Golfverein gebunden werden können. Das Image des Golfsports wurde zwar in den letzten Jahren durch eine verstärkte Öffentlichkeitsarbeit verbessert, jedoch gibt es noch zu viele gesellschaftliche Klischees gegenüber des Sports. Aufgrund der bilateralen Struktur von Golfanlagen fehlen ehrenamtliche Jugendwarten, die die Jugendspieler:innen an den Verein binden und dadurch die Zukunft des Golfsports sichern.

1.2 Resultierende Herausforderungen für den BGV

1. Digitalisierung / Modernisierung des Golfsports

Der BGV muss sich zum Ziel setzen, die Digitalisierung und Modernisierung in und auf den Golfanlagen voranzutreiben und zu verstärken. Durch konkrete Maßnahmen, wie beispielsweise golfspezifische Trainingsangebote oder digitale Ergebnisdokumentationen, kann der BGV den Sport für die Jugendlichen attraktiver gestalten. Denn „[…] wenn Golf sich, wie oft angekündigt, auch stärker jüngeren Zielgruppen zuwenden möchte, sind digitale Konzepte für die Digital Natives unerlässlich" (Althoff, 2018).

2. Anhaltende Imageverbesserung des Golfsports

Der BGV muss sich darum bemühen das Image des Golfsports insbesondere bei der jungen Zielgruppe zu verbessern, um den Sport attraktiver nach außen vermarkten und gestalten zu können. Der Golfsport muss die alten Imagewerte „elitär", „hochnäsig", „langweilig" und „unbeliebt" beseitigen und die Beliebtheit für den Sport neu aufziehen (Burgi, 2017).

3. Minderung zu hoher Eintrittsbarrieren in den Golfsport

Die Startkosten für die ersten Jahre im Golfsport sind insbesondere für die jungen Sportler:innen viel zu hoch und dadurch unattraktiv, sodass der Sport hierbei viele wichtige potenzielle Sportler:innen verliert. Der BGV steht vor der Herausforderung die hohen Eintrittsbarrieren durch niedrigere Kosten zu senken (Heidemann, 2021).

4. Verbesserte Jugendarbeit

Da die größte Mitgliederzahl im Golfsport durch Spieler über 61 Jahre und die kleinste Gruppe durch die Jugendlichen definiert ist, besteht hier ein eindeutiges Ungleichgewicht (Deutscher Golf Verband e.V., 2020). Der BGV muss ganz klar in die Jugendarbeit investieren, indem das Ehrenamt des Jugendwarts interessanter und fairer gestaltet wird. Nur so kann die Jugend im Golfsport gehalten und vergrößert werden. Je mehr Jugendliche für den Sport begeistert werden können, desto mehr mittelaltrige Spieler können durch neugewonnene Jugendliche generiert werden (Mund-zu-Mund Propaganda).#

5. Intensivere Zielgruppenansprache

Die Anzahl an Nachwuchsspielenden im deutschen Golfsport ist sehr gering, da der Anteil der 0-18-Jährigen nur 6,33 % aller Golfspielenden betrug. Der BGV muss durch konkrete Handlungsmaßnahmen, wie beispielsweise Social Media-Auftritt oder der digitale Fortschritt während des Golferlebnisses, verstärkt die junge Generation ansprechen, um die Jugend im Golfsport zu erhöhen (Krempel, 2014). Zudem müssen junge Erwachsene durch gezielte Aktionen und Werbemaßnahmen angesprochen werden. Heutzutage bieten nur wenige Unis Golf als Hochschulsport an und Aktionen der Plätze in Unistädten werden zu wenig kommuniziert (Krempel, 2014).

1.3 Lebenszyklusanalyse Golfsport

Die Mitgliederzahlentwicklung des Deutschen Golfverbandes ist konstant steigend. Im Jahr 2020 betrug die Mitgliederzahl 651.417, was ein Anstieg um 1,4 % zum Vorjahr bedeutet (2019: 642.677). In den letzten 10 Jahren wurden fast 30.000 neue Mitglieder generiert (Anstieg um 4,3 %) (Deutscher Golf Verband e.V., 2020). Die folgende Abbildung zeigt anhand einer Lebenszyklusanalyse die Mitgliederzahlentwicklung im Golf.

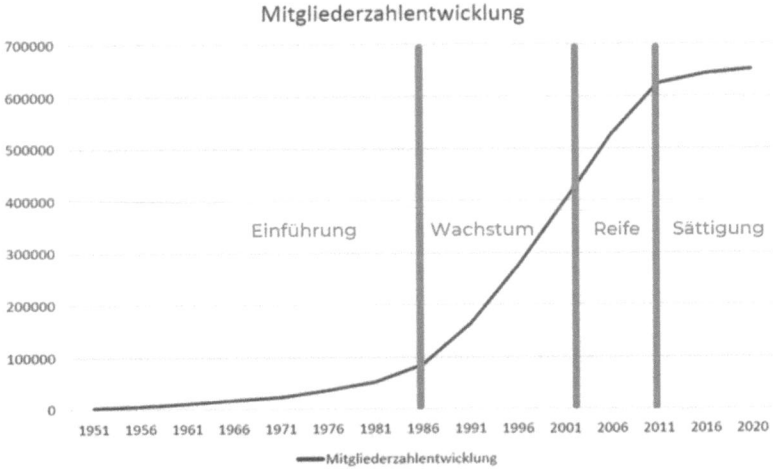

Abb. 1: Lebenszyklusanalyse des Golfsports in Deutschland von 1950 bis heute (eigene Darstellung)

Der Golfsport befindet sich nach der Lebenszyklusanalyse aktuell in der Phase der Sättigung und steht kurz vor dem Sättigungspunkt.

8

2 Planungsphase

2.1 Leadershipstil und Führungspersönlichkeiten

Allgemeine Verhaltensweisen und Umgangsformen von Führungspersönlichkeiten mit ihrem Team und Mitarbeiter:innen werden als Führungsstile (Leadershipstil) gekennzeichnet, die im Folgenden kurz erläutert werden.

1. Demokratischer / Kooperativer Führungsstil

Obwohl ein demokratischer bzw. kooperativer Führungsstil nicht als das Optimum zu bezeichnen ist, herrscht allgemein eine positive Atmosphäre. Die Gruppenmitglieder arbeiten selbstständig sowie sachbezogen und kooperieren häufig miteinander (Landessportbund Nordrhein-Westfalen, o. J.). Bei der Umsetzung von Ideen und Projekten arbeiten Führungskraft und Mitarbeiter:innen eng miteinander und ergänzen sich in ihren Kompetenzen (Landessportbund Nordrhein-Westfalen, o. J.).

2. Situativer Führungsstil

Hierbei tendiert man zur so genannten situativen Führung, nach der der optimale Führungsstil von der jeweiligen Situation abhängt (Landessportbund Nordrhein-Westfalen, o. J.). Das Grundprinzip dieses Führungsstiles beruht auf der Annahme, dass jeder Mitarbeitende nach seinem aktuellen Reifegrad geführt werden muss, um seine Potenziale für den Verein bestmöglich freizusetzen (Landessportbund Nordrhein-Westfalen, o. J.). Die Führungskraft führt nicht mit ihrem eigenen Stil, sondern sie passt ihren Führungsstil an die Bedürfnisse und Fähigkeiten der Mitarbeiter:innen und der Mannschaft an.

3. Autoritärer Führungsstil

Die Atmosphäre beim autoritären ist oft aufgrund strenger Regeln durch Unzufriedenheit und Lustlosigkeit gekennzeichnet, da sich die Gruppenmitglieder oft unterdrückt fühlen, was entweder zu Anpassung oder zu Opposition führt (Landessportbund Nordrhein-Westfalen, o. J.). Folglich arbeiten sie kaum selbständig und das einseitige Konkurrenz- und Erfolgsdenken führt leicht zu Einzelgängertum oder Cliquenbildung (Landessportbund Nordrhein-Westfalen, o. J.).

2.2 Anforderungs- und Aufgabenprofil des Jugendwartes im BGV

In der folgenden Abbildung wird die Position des Jugendwartes als ehrenamtlicher Mitarbeitender in der Jugendförderung des BGV dargestellt.

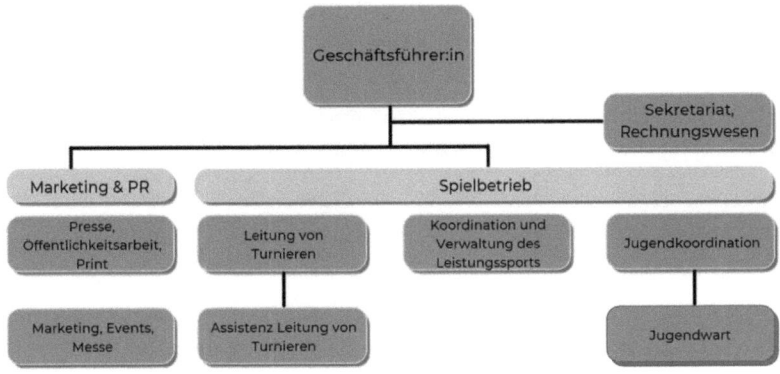

Abb. 2: Position des Jugendwartes im BGV (eigene Darstellung)

Die folgende Abbildung veranschaulicht eine Stellenbeschreibung inklusive eines Anforderungsprofils für die Position eines Jugendwartes.

Abb. 3: Stellenbeschreibung für die Position eines Jugendwartes (modifiziert nach Baden-Württembergischer Golf-Verband e.V., o. J.)

2.3 Leadershipstil des Jugendwartes

Es gibt nicht den einen perfekten Leadershipstil, den ein Jugendwart in seiner Arbeit verkörpern muss. Die zugewiesene Rolle eines Jugendwartes ist nicht nur interessant, sondern auch schwierig, da er ein verständnisvoller und sympathischer Ansprechpartner für die Kinder und Jugendlichen typisiert und flexibel agieren können muss (Kuhl, 2018). Ein Jugendwart sollte sich in seinem Führungsstil kooperativ und nicht direktiv verhalten, wodurch erstmalig der Gedanke „väterlicher Freund" entsteht (Kuhl, 2018). Außerdem sollte er seine Sportler:innen instruieren, sozial unterstützen, ihnen ein positives Feedback geben und jedes einzelne Mitglied, so gut es geht, unterstützen (Kuhl, 2018). Ein Jugendwart muss sich also auf jedes Teammitglied und dessen Leistungsniveau individuell einstellen, sodass er auch den situativen Führungsstil vertritt.

3 Konzeptionsphase

3.1 Konzeption Maßnahmenkatalog, um die Attraktivität des ehrenamtlichen Jugendwartes zu steigern

Die folgende Tabelle veranschaulicht einen Maßnahmenkatalog, um die Attraktivität des ehrenamtlichen Jugendwartes zu steigern.

Tab. 2: Maßnahmenkatalog (eigene Darstellung)

1. Förderung von Weiterbildungsmaßnahmen
Damit die Jugendwarte in ihren pädagogischen und sportlichen Fähigkeiten und Kenntnisse mehr Wissen erlangen, empfiehlt es sich, dass man für die ehrenamtlichen Mitarbeiter:innen Fort- und Weiterbildungen organisiert. Diese sind für sie selbstverständlich kostenlos und freiwillig. Dieses Angebot zeigt den jungen Jugendwarte, dass ihr Arbeitgeber sich um sie kümmert und stets darum bemüht ist, dass sie eine optimale Leistung erbringen können. In jedem Landesgolfverband finden mindestens jährlich Tagungen und Workshops für die Jugendwarte der Golfclubs statt. Hier werden alle Neuerungen besprochen und es wird Gelegenheit zum allgemeinen Informationsaustausch gegeben. Des Weiteren bieten die Landessportbünde und ihre Bildungswerke zahlreiche Weiterbildungsangebote für Verantwortliche im Sport an. Dies können Tagesveranstaltungen, Seminare, Kurse oder Wochenendveranstaltungen zu organisatorischen oder sportpraktischen Themen sein (Bayerischer Golfverband e.V., 2021).

2. Übernahme der Fahrtkosten zu Turnieren und zum Arbeitsplatz

Ein zweiter Aspekt stellt die finanzielle Übernahme der Fahrtkosten zu Turnieren und zum Arbeitsplatz dar. Falls ein Jugendwart selbstständig mit dem Auto zum Arbeitsplatz oder zu Turnieren anreisen muss, fallen mit der Zeit vermehrt Kosten für den Sprit sowie den Verschleiß des PKWs an. Übernimmt der Golfverein bzw. Golfclub diese Kosten, wird die Stelle des Jugendwartes deutlich interessanter, da er die Kosten durch seine private Kasse nicht tragen muss. Eine konkrete Maßnahme wäre hierbei ein monatlicher Tankgutschein in Höhe von beispielsweise 50 € (abhängig vom Fahrtweg nach Hause).

3. Einrichtung eines Home-Office-Arbeitsplatzes

Insbesondere zu Zeiten der Corona-Pandemie hat sich das Modell des Home-Office sehr stark bei vielen Arbeitnehmer:innen etabliert. Da für einen Jugendwart zumeist weitere Aufgaben neben des Trainer-Aspekts anfallen, die am Computer erledigt werden müssen, kann ein Golfclub bzw. Golfverein ihrem Mitarbeiter:innen ebenfalls die Möglichkeit bieten, Equipment für ein Home-Office Konzept bereitzustellen. Ein junger Jugendwart spart sich dadurch sowohl den Weg zur Golfanlage als auch die Zeit und kann seinen Verpflichtungen daheim nachgehen (Bayerischer Golfverband e.V., 2021).

4. Kostenfreie Teilnahme und Ausflüge zu nationalen Golfevents

In Deutschland werden insbesondere in den Sommermonaten regelmäßig Golfevents veranstaltet, an denen man kostenlose Trainerstunden buchen oder das neueste Equipment testen und für Sonderpreise erwerben kann. Außerdem kommen zu diesen Events große nationale Golfstars, die man dort bewundern kann. Da die Jugendwarte zumeist sehr golfaffin sind und die Sportart mit (hoher) Leidenschaft verloren, macht es einen Golfverein bzw. Golfclub für junge Golfer:innen sich für die Stelle als einen Jugendwart zu bewerben.

5. Vergütungsangebote durch ein FSJ

Die Arbeit als Jugendwart ist in der Sparte „Ehrenamtliche(r) Mitarbeiter:in" angesiedelt und wird dadurch nicht vergütet. Sofern ein Jugendwart keine Alternativleistungen anhand eines Tankgutscheins, Vergünstigen für die private Nutzung der Golfanlage oder Verpflegungsgutscheine für das Clubrestaurant bekommt, kann ein Golfclub bzw. Golfverein seinen Jugendwart in Form eines Freiwillig Sozialen Jahres (FSJ) einstellen. Folglich wird dieser durch einen monatlichen Betrag vergütet und das Interesse an der Tätigkeit bleibt auf gleichem Niveau bestehen. Auch die Position des Jugendwartes in einer Stellenausschreibung wird dadurch attraktiver und ansprechender gestaltet.

3.2 Maßnahmenplan zur zukünftigen Gewinnung und Bindung der ehrenamtlichen Position des Jugendwartes

Im Folgenden wird ein Maßnahmenplan zur zukünftigen Gewinnung und Bindung der ehrenamtlichen Position des Jugendwartes tabellarisch dargestellt.

Tab. 3: Maßnahmenplan auf Basis der zehn Phasen des Lebenszyklus des freiwilligen Engagements (eigene Darstellung) (modifiziert nach Deutscher Olympischer Sportbund, o. J.)

Phase	Ziel	Maßnahme
1. Ehrenamtliche Organisationsstruktur	Das Interesse von zukünftigen Jugendwarts um 50 % erhöhen	Attraktivere detailliertere Stellenausschreibungen entwickeln; Bewerbungsprozess beschleunigen und vereinfachen; Belohnungen und Vorteile des Ehrenamts transparent und offen darlegen
2. Bedarfs- und Bedürfnisanalyse	Durchführung einer quartalsmäßigen Analyse vom Bedarfseinsatz ehrenamtlicher Jugendwarts	Installation einer Datenbank und Auswertungssoftware für die vereinsinterne Personalplanung
3. Ansprache, Gewinnung und Aufgabenübertragung	Jährlicher Neuzuwachs an ehrenamtlichen Jugendwarts von zwei auf drei	Erstellung und Auswertung der Social Media-Kanäle und Durchführung eines zielgruppenorientierten Social Media-Marketingkonzepts; Einrichten einer Marketing-Abteilung für die Personalbeschaffung
4. Orientierung und Einarbeitung	Komplette Einarbeitung in die Vereinsabläufe nach spätestens 10 Wochen	Konzeption und Durcharbeitung eines detaillierten Einarbeitungsplans mit Protokollen und eigenen Notizen
5. Aus- und Weiterbildung	Organisation und Durchführung von zwei Weiterbildungsmaßnahmen pro halbes Jahr	Anmeldung und Teilnahme an pädagogischen und sportlichen Fortbildungen
6. Anerkennung und Belohnung	Zufriedenheit der Jugendwarts jedes halbe Jahr um 20 % steigern	Aushändigung von Gutscheinen und Rabattaktionen für die Ehrenamtlichen
7. (Selbst-) Evaluierung	Durchführung einer halbjährlichen Zufriedenheitsumfrage unter den Ehrenamtlichen	Konzipierung eines Online-Feedbackbogens über das Umfragetool „LamaPoll"
8. Lern- und Entwicklungsmöglichkeiten entwickeln	Eigene sportliche Fähigkeiten der Jugendwarts um 10 % monatlich verbessern	Kostenlose private Golfstunden mit einem hauptberuflichem Golftrainer 1-mal/Woche mit monatlichem Test
9. Anpassung von Anforderungen und Aufgaben	Beibehalten des Aufgabenumfangs für Ehrenamtliche um 100 %; Steigerung der Aufgabenanforderung um monatlich 10 %	Konzipierung und Einführung eines wöchentlichen Aufgabenplans für Ehrenamtliche zur Kontrolle des Arbeitsaufwandes
10. Anerkennung, Verabschiedung und Kontakt halten	Weiterempfehlungen an weitere Interessenten für ein Ehrenamt jährlich um 25 % steigern	Formale Anerkennung und Bestätigung des ehrenamtlichen Engagements durch eine Urkunde und Sachgeschenke

3.3 Neue Projekte des BGV in Kooperation mit den verantwortlichen Jugendwarten

1. „Golf - das Ass unter den Sportarten"

Bei diesem Projekt handelt es sich um einen Mix aus Schnupperkurs und Tag der offenen Tür für die gesamte Familie. Hierbei können Familien zu den Golfanlagen zu bestimmen Tagen im Jahr kommen und sich den gesamten Verein bzw. Golfclub zeigen und erklären lassen. Des Weiteren bietet die Golfanlage weitere Attraktionen, wie beispielsweise Fuß-ballgolf, Minigolf oder Frisbee-Golf, die von den Interessenten genutzt werden können. Ziel dieses Projektes ist es, dass die ganze Familie Interesse am Golfsport mit sich bringt und dadurch zu Kund:innen werden. Insbesondere die junge Generation, also Kinder und Jugendliche, sollen durch die verschiedenen spielerischen Angebote zum Golfen inspi-riert und motiviert werden. Falls jemand aus der Familie kein Interesse am Golfsport zeigt, jedoch Frisbee-Golf regelmäßig spielen will, kann die Familie an diesen Event-Tagen hohe Rabattaktionen erwerben.

2. „Back to School"

Dieses Projekt zielt darauf ab, dass bekannte Golf-Profis aus Deutschland mit einem klei-nen Team aus weiteren Mitarbeiter:innen und Ehrenamtlichen (Jugendwarts) in Schulen gehen und versuchen, die Schüler:innen vom Golfsport zu überzeugen. Nationale Golfstars wie Martin Kaymer oder Sebastian Heisel reisen zu verschiedene Schulen und halten interessante Vorträge zum Golfsport und ihrer Karriere. Am Ende des Besuchs erhält jeder Schüler und jeder Schülerin einen Gutschein für ein kostenloses Golferlebnis in ihrer Region. Sie können den Gutschein zusammen mit ihren Eltern einlösen und den Sport kostenfrei und unverbindlich einlösen. Falls sie sich danach bei der Golfanlage an-melde, erhalten sie Willkommens-Geschenke sowie Vergünstigungen. Dasselbe gilt für die Eltern. Für jeden weiteren geworbenen Golfinteressant werden Sachgeschenke und weitere Vergünstigungen verteilt.

3. „eGolf – vom Digitalen zum Analogen"

Der Anteil der deutschen Internetnutzer, die bereits von eSports gehört haben und die Bedeutung kennen, betrug im Jahr 2017 bei den 16- bis 24-Jährigen 56 % und die Zahl steigt weiter an (Tenzer, 2017). Daran ist stark zu erkennen, dass eSport heutzutage nicht mehr das Klischee erfüllt, allein und dunkel im Zimmer zu sitzen und Computerspiele zu zocken. Vielmehr ist es eine neue Wirtschaftsbranche geworden und es hat sich insbesondere bei den jüngeren Generationen zu einem Hobby und einer Leidenschaft entwickelt. Der BGV hat sich mit diesem dritten Projekt als Ziel gesetzt, dass Kooperationen mit bekannten deutschen eSportler:innen und Streaming-Diensten, wie beispielsweise Twitch.tv, beschlossen werden, um somit die jungen Leute vom Golfsport zu überzeugen. Damit würde der BGV exakt die Zielgruppe ansprechen, die in der Jugend stark fehlt. Die eSportler:innen würden ihr digitales Golf-Turnier über verschiedene Streaming-Plattformen übertragen, sodass ihre Reichweite maximal hoch ist. Vorteil hierbei ist der ortsunabhängige Eventauftritt. Die jungen Leute können das Erlebnis von daheim in Ruhe verfolgen und Sympathie sowie Interesse am Sport aufgrund des Enthusiasmus der eSportler:innen für den Golfsport entwickeln. Durch spezielle Rabattcodes, die nach dem Event im Chat veröffentlicht werden, erhalten die Zuschauer:innen Vergünstigen für ein reales Golferlebnis in ihrer Umgebung.

4 Umsetzungsphase des Change-Prozesses

4.1 Konkreter Umsetzungsplan im Rahmen des Change-Prozesses

In der folgenden Tabelle wird ein konkreter Umsetzungsplan im Rahmen des Change-Prozesses nach dem 8-Phasenmodell von Kotter aufgezeigt.

Tab. 4: Umsetzungsplan im Rahmen des Change-Prozesses (eigene Darstellung)

Stufen	Umsetzung
1. Dringlichkeit aufzeigen	Es gibt ein dringliches Nachwuchsproblem im Golfsport, da stets weniger junge Spielende sich für den Golf interessieren und die Golfspielerschaft mit der Zeit altert (Bayerischer Golfverband, e. V., 2020). Im Jahr 2020 gab es insgesamt 41.212 Golfspielende im Alter von 0-18 Jahre (6,33 % aller Golfspielenden in Deutschland) (Deutscher Golf Verband e.V., 2020). Diese Dringlichkeit muss dem Vorstand und Präsidium des DGV deutlich und direkt anhand von Zahlen und Fakten präsentiert werden, sodass entsprechende Maßnahmen für eine gezielte Nachwuchsförderung erbracht werden.
2. Führungskoalition aufbauen	Die Führungskoalition besteht aus dem Vorstand und Präsidium des DGVs und BGVs. Jedes Mitglied aus diesen vier Sparten muss am Umsetzungsplan beteiligt sein, sodass eine maximale Effizienz resultiert. Hierfür werden Tagungstage für die Mitglieder:innen der Vorstände und Präsidien organisiert, um ein konkretes Konzept zu entwickeln.
3. Vision und Strategie entwickeln	Es soll folgende Vision umgesetzt werden: „Golfen für alle". Um diese Vision in die Praxis umzusetzen, bedarf es einer konkreten Strategie: Der DGV und BGV kommunizieren ihre neue Vision und Leitbilder an ihre Mitarbeitende. Es werden neue Kampagnen, Eventformate und Ideen entwickelt, um alle Schichten und Altersklassen in Deutschland anzusprechen und vom Golfsport zu überzeugen. Insbesondere für die junge Generation werden spezielle Formate angepasst (siehe 3.3).
4. Die Vision kommunizieren	Es wird eine Reihe gemeinsamer Workshops und Team-Meetings in den jeweiligen Regierungsbezirken geplant, um die Vision zu kommunizieren. Zudem werden Präsentationen und Handouts zur der gesamten Thematik an alle Mitarbeitende per Mail gesendet, die sie studieren sollen. Schließlich gelangt die neue Vision über Social Media- und E-Mail-Marketing (Newsetter) an die Öffentlichkeit.
5. Hindernisse aus dem Weg räumen	Es wird ein vereinsinternes Forum, in dem Mitarbeitende entstehende Wissenslücken und Bedenken gegenüber den neuen Strategien in schriftlichen Diskussionen beseitigt werden, eingeführt. Außerdem soll es wöchentliche freiwillige Meetings geben, in denen Unklarheiten mit den Verantwortlichen besprochen werden.
6. Kurzfristige Erfolge anstreben	Es werden kurzfristige Ziele, passend zur Vision festgelegt und in monatlichen Meetings auf Einhaltung überprüft. Ein Ziel ist hierbei, dass nach Einführung der neuen Vision nach 3 Monaten die Neumitglieder-Rate bei den 0- bis 18-Jährigen um 40 % gestiegen ist.
7. Veränderung weiter anstreben	Es wird der Fokus auf die Umsetzung der Strategie und Vision gelenkt und die Dringlichkeit in jedem Meeting und Workshop den Mitarbeitenden und Zuständigen mit Fakten und Zahlen deutlich gemacht. Es werden regelmäßig Updates zur Visionsumsetzung und zum aktuellen Stand des Change-Prozesses in Form von E-Mails an die Mitarbeitenden gesendet, sodass sie motiviert und engagiert hinter dem Projekt stehen und arbeiten.
8. Veränderungen verankern	Um Nachhaltigkeit zu bewirken, empfiehlt es sich regelmäßig die neuen Ansätze, Verhaltensweise und Einstellungen zu kommunizieren. Darüber hinaus sollte sichergestellt werden, dass neue Mitarbeitende und aufstrebende Führungskräfte an die neue Ausrichtung glauben und diese nach außen hin verkörpern. Hierfür sorgt das Führungsteam dafür, dass erreichte Meilensteine gefeiert werden, und vermittelt den Mitarbeitenden das Gefühl, dass sie stolz auf das Erreichte sein können und die ungewohnte Situation bislang optimal gemeistert haben. Dies kann durch Team-Feiern oder Team-Events praktisch umgesetzt werden.

4.2 Konkrete Widerstände und Barrieren

1. Traditionsdenken und fehlendes Verständnis für den Wandel

Der erste mögliche Widerstand kann durch die Sportler:innen erfolgen, die die Struktur, Ziele und Werte ihrer Landesgolfverbände beibehalten und weiterhin vertreten wollen. Zumeist sind es die älteren Sportler:innen und Senioren, die einem konservativen Traditionsdenken nachgehen und ein fehlendes Verständnis für einen Wandel aufzeigen. Sie orientieren sich an den alten Gewohnheiten und zeigen Desinteresse an Innovationen oder einem modernen Umdenken. Obwohl die alten Klischees über den Golfsport langsam durch eine verstärkte moderne Öffentlichkeitsarbeit erlöscht werden, wird das alte Golf-Image von den verantwortlichen Golfern getragen und weiterhin vertreten. Eine Folge wäre hierbei, dass die Sportler:innen durch eine zu hohe Unzufriedenheit aus den Golfanlagen austreten und der BVG dadurch wichtige Mitglieder:innen verliert.

2. Gewinnreduzierung aufgrund hoher Investitionskosten

Damit die neue Vision nicht nur theoretisch besteht, sondern auch in die Praxis umgesetzt werden kann, bedarf es konkreter Handlungsmaßnahmen. Jede Handlungsmaßnahme ist mit Kosten verbunden, die die Golfanlagen stemmen müssen. Mehr Kosten bedeutet am Ende des Geschäftsjahres weniger Umsatz und dadurch weniger Gewinn. Die angesetzten Investitionskosten, die für die Initiierung der Maßnahmen für die neue Strategie aufzuwenden sind, können den Betreibenden der Golfanlagen zu hoch sein, sodass sie sich gegen die neuen Bestimmungen und Beschlüsse wehren. Somit kommt es zu Widerständen seitens der Betreibenden.

3. Unstimmigkeiten innerhalb der Landesgolfverbände

Zuletzt kann es zu Unstimmigkeiten bei der Initiierung des Change-Prozesses innerhalb der Landesgolfverbände kommen. Falls ein oder mehrere Golfvereine bzw. Golfclubs in einem Landesgolfverband den Strategiewandel nicht nachvollziehen kann oder akzeptieren will, kann es zu Protesten durch diese kommen. Mitarbeitende dieser Golfanlagen streben möglicherweise ihre traditionelle Organisationskultur weiter an und stehen hinter ihr, sodass nicht alle Beteiligten der neuen Vision nachgehen. Folglich kommt es zu Diskussionen und Uneinigkeiten hinsichtlich des neuen Strategieweges, wodurch die einheitliche Initiierung der Vision gestoppt wird.

5 Literaturverzeichnis

Althoff, M. (Februar 2018). *Deutsche Golfanlagen und die Digitalisierung.* Zugriff am 12.09.2021. Verfügbar unter https://www.golfmanager-greenkeeper.de/golfmanager-online/fachbeitraege-golfmanager/management/allgemein/deutsche-golfanlagen-und-die-digitalisierung.html

Baden-Württembergischer Golf-Verband e.V. (o. J.). *Leitfaden für die Arbeit als Jugendwart.* Zugriff am 17.09.2021. Verfügbar unter https://www.bwgv.de/fileadmin/content/Dokumente/2016/Downloads/06_Leitfaden_ fuer_die_Arbeit_als_Jugendwart.pdf

Bayerischer Golfverband e.V. (10. Dezember 2020). *Mitgliederentwicklung im Bayerischen Golfverband e.V.* Zugriff am 11.09.2021. Verfügbar unter https://www.bayerischer-golfverband.de/ueberdenbgv/verbandsinformationen

Bayerischer Golfverband e.V. (2021). *Jugendwarte.* Zugriff am 20.09.2021. Verfügbar unter https://www.bayerischer-golfverband.de/jugend/jugendwarte

Burgi, A. (11. August 2017). *Reich und alt: Was ist dran am Golfer-Image?* Zugriff am 12.09.2021. Verfügbar unter https://www.merkur.de/leben/reich-und-alt-was-ist-dran-am-golfer-image-zr-8587472.html

Deutscher Golf Verband e.V. (30. September 2020). *DGV-Statistiken 2020.* Zugriff am 11.09.2021. Verfügbar unter https://serviceportal.dgv-intranet.de/files/pdf2/7-a2100126-dgv_statistiken.pdf

Deutscher Olympischer Sportbund. (o. J.). *Der Lebenszyklus des freiwilligen Engagements - 10 Managementaufgaben für Sportorganisationen.* Zugriff am 21.09.2019. Verfügbar unter https://cdn.dosb.de/alter_Datenbestand/fm-ehrenamtimsport/Ehrenamt-im-Sport.de/Downloads/Rat_und_Tat/TOP2/2_7-Der-Lebenszyklus-des-freiwilligen-Engagements.pdf

Exklusiv Golfen. (31. August 2020). *Golfsport und Image: Mittlerweile gilt Golf als cool – zum Glück!* Zugriff am 11.09.2021. Verfügbar unter https://www.exklusiv-golfen.de/lifestyle/golfsport-und-image-mittlerweile-gilt-golf-als-cool-zum-glueck-97139

Heidemann, J. (20. April 2021). *Golf – ein teurer Sport? – Womit Einsteiger rechnen müssen.* Zugriff am 12.09.2021. Verfügbar unter https://www.golfpost.de/golf-ein-teurer-sport-7777313830/

Krempel, A. (14. Januar 2014). *Golf, der Anfängerschreck: Was Nicht-Golfer abschreckt.* Zugriff am 12.09.2021. Verfügbar unter https://www.golfpost.de/golfsport-der-anfangerschreck-777754581/

Kuhl, L. (26. Oktober 2018). *Freund, Animateur, Mentalcoach – Was muss ein Trainer sein?* Zugriff am 18.09.2021. Verfügbar unter https://www.golfpost.de/golf-training-beziehung-zwischen-trainer-und-kind-jugednlichen-lucas-kuhl-7777242766/

Landessportbund Nordrhein-Westfalen. (o. J.). *Umgangsformen/ Führungsstile.* Zugriff am 16.09.2021. Verfügbar unter https://www.vibss.de/vereinsmanagement/vereinsentwicklung/jugend/fuehrungsstile/

Landwehr, G. (2021). *Golf in Zahlen.* Zugriff am 11.09.2021. Verfügbar unter https://www.golfsportmagazin.de/golf-in-zahlen-anzahl-golfer-deutschland/

Pawlik, V. (26. August 2020). *Anzahl der Personen in Deutschland, denen die Sportart Golf bekannt ist, nach Interesse an diesem Sport von 2016 bis 2020.* Zugriff am 11.09.2021. Verfügbar unter https://de.statista.com/statistik/daten/studie/171039/umfrage/interesse-an-der-sportart-golf/

Statista Research Department. (18. August 2010). *Wie hat sich die Nachfrage im Golf-Tourismus innerhalb der letzten 18 Monaten entwickelt?* Zugriff am 11.09.2021. Verfügbar unter https://de.statista.com/statistik/daten/studie/200784/umfrage/entwicklung-der-weltweiten-anzahl-der-golf-touristen-im-jahresvergleich/

Tenzer, F. (29. August 2017). *Anteil der deutschen Internetnutzer, die bereits von eSports gehört haben und die Bedeutung kennen, nach Altersgruppe im Jahr 2017.* Zugriff am 22.09.2021. Verfügbar unter https://de.statista.com/statistik/daten/studie/450388/umfrage/umfrage-zur-bekanntheit-von-esports-in-deutschland-nach-alter/

Zeppenfeld, B. (30. November 2020). *Anzahl der Golfspieler in ausgewählten Ländern Europas im Jahr 2018.* Zugriff am 13.09.2021. Verfügbar unter https://de.statista.com/statistik/daten/studie/6906/umfrage/europaeische-laender-nach-anzahl-der-golfclub-mitglieder/

Zeppenfeld, B. (25. November 2020). *Mitgliederzahl des Deutscher Golf Verbandes von 2002 bis 2020.* Zugriff am 11.09.2021. Verfügbar unter https://de.statista.com/statistik/daten/studie/215956/umfrage/mitgliederzahl-des-deutscher-golf-verbandes/

Zeppenfeld, B. (19. März 2021). *Anzahl der Golfer in Deutschland im Jahr 2020 nach Alter und Geschlecht.* Zugriff am 11.09.2021. Verfügbar unter https://de.statista.com/statistik/daten/studie/218045/umfrage/golfer-nach-alter-und-geschlecht-in-deutschland/

6 Abbildungs- und Tabellenverzeichnis

6.1 Abbildungsverzeichnis

6.2 Tabellenverzeichnis